AF359978

LES POÈTES MAUDITS

PAUL VERLAINE

LES
POÈTES MAUDITS

TRISTAN CORBIÈRE
ARTHUR RIMBAUD
STÉPHANE MALLARMÉ

(Cet ouvrage n'est tiré qu'à 253 exemplaires)

PARIS

LÉON VANIER, Libraire-Éditeur

19, Quai Saint-Michel, 19

1884

AVERTISSEMENT

A PROPOS DES PORTRAITS CI-JOINTS

Les Portraits que nous donnons ici sont d'une parfaite authenticité.

Celui de Tristan Corbière remonte à 1875, année même de la publication des *Amours Jaunes*, et de sa mort.

On voit que sa fin fut prématurée à outrance.

Ajoutons biographiquement que son prénom n'était pas Tristan, mais Edouard.

« Edouard » était sonore et formait avec « Corbière » un croassement dans le ton. Aussi notre goût à nous eût été de garder ce retentissant « Christian name », bien anglais et bien breton. Mais notre goût n'a pas été celui du poète, et, sans nul doute, se trompe.

Etienne Carjat photographiait M. Arthur Rimbaud en octobre 1871. C'est cette photographie excellente que le lecteur a sous les yeux, reproduits ainsi que celle, d'après nature aussi, de Corbière, par le procédé de la photogravure.

N'est-ce pas bien « l'Enfant Sublime » sans le terrible démenti de Châteaubriand, mais non sans la protestation de lèvres dès longtemps sensuelles et d'une paire d'yeux perdus dans du souvenir très ancien plutôt que dans un rêve même précoce? Un Cazanova gosse mais bien plus expert ès-aventures ne rit-il pas dans ces narines hardies, et ce beau menton accidenté ne s'en vient-il pas dire : « va te faire lanlaire » à toute illusion qui ne doive l'existence à la plus irrévocable volonté? Enfin, à notre sens, la superbe tignasse ne put être ainsi mise à mal que par de savants oreillers d'ailleurs foulés du coude d'un pur caprice sultanesque. Et ce dédain tout viril d'une toilette inutile à cette littérale beauté du diable !

Manet a peint Mallarmé dans une attitude et à un âge immémoriaux en dépit des cigare et veston qu'affectionnait pour ses portraits d'hommes le grand artiste

moderniste, si intuitif et si fin sous le dan-
dysme de sa bonhomie. Ici le poète est
en quelque sorte apothéosé, *immortalisé*.
Serait-ce aller trop loin que de se souvenir
du Cherubini d'Ingres? La Muse n'est pas
visible bénissant le génie, mais elle est là
tout de même et c'est une bien autre
muse pour un bien autre génie! Et si Mallarmé avait posé pour Ingres, Ingres
eût-il mieux fait que Manet? Non!

La reproduction d'après également une
photographie très belle fait le plus grand
honneur à notre ami Blanchet qui a
vaincu là par son patient et naïf rendu
des difficultés insurmontables à ce chic
dont on ne veut plus pour rien au monde
en bon lieu.

C'est l'occasion de féliciter notre précieux collaborateur de ses Corbière et
M. Rimbaud, l'un très hautain, très
« vais m'en aller », l'autre étonnant d'adolescence exquise et d'effrayante maturité.

On a rarement, nous ne craignons pas
de le dire, reproduit par des moyens plus
simples, partant plus grands, peut-être
plus sûrs, des physionomies mieux faites
pour la fougue, croiraient d'aucuns, pour
l'enragé d'un burin sans frein.

A bien y regarder pourtant, de même que les vers de ces chers Maudits sont très posément écrits (nous n'en voulons pour preuve que leurs perfections de toute sorte) de même leurs traits sont calmes, comme de bronze un peu de décadence, mais qu'est-ce que décadence veut bien dire au fond? ou de marbre polychrome, — et alors à bas le faux romantisme et vive la ligne pure, obstinée, (non moins amusante) qui traduit si bien, à travers la structure matérielle, l'idéal incompressible!

Il y a quelque chose d'impassible dans ces visages bizarres et tous les trois très beaux, — remarquez-le bien — qui donne irrévocablement raison aux vers sans égaux qu'on va lire et à cet humble mais entêté commentaire.

Excusez seulement les fautes du commentateur. Quant à son enthousiasme, aimez-le, tant mieux pour lui, ne le comprenez pas, tant pis pour vous!

Voilà.

P. V.

Paris, le 25 février 1884.

LES POÈTES MAUDITS

I

TRISTAN CORBIÈRE

C'est Poètes Absolus qu'il fallait dire pour rester dans le calme, mais, outre que le calme n'est guère de mise en ces temps-ci, notre titre a cela pour lui qu'il répond juste à notre haine et, nous en sommes sûr, à celle des survivants d'entre les Tout-Puissants en question, pour le vulgaire des lecteurs d'élite — une rude phalange qui nous la rend bien.

Absolus par l'imagination, absolus dans l'expression, absolus comme les Reys netos des meilleurs siècles.

Mais maudits!

Jugez-en.

Tristan Corbière fut un Breton, un marin, et le dédaigneux par excellence, œs triplex. Breton sans guère de pratique catholique, mais croyant en diable; marin ni militaire, ni surtout marchand, mais amoureux furieux de la mer qu'il ne montait que dans la tempête, excessivement fougueux sur ce plus fougueux des chevaux. (On raconte de lui des prodiges d'imprudence folle.); dédaigneux du Succès et de la Gloire au point qu'il avait l'air de défier ces deux imbéciles d'émouvoir un instant sa pitié pour eux!

Passons sur l'homme qui fut si haut, et parlons du Poète.

Comme rimeur et comme prosodiste il n'a rien d'impeccable, c'est-à-dire d'assommant. Nul d'entre les Grands comme lui n'est impeccable, à commencer par Homère qui somnole quelquefois, pour aboutir à Gœthe le très humain, quoi qu'on die, en passant par le plus qu'irrégulier Shakspeare. Les impeccables, ce sont... tels et tels. Du bois, du bois et encore du bois. Corbière était en chair et en os, tout bêtement.

Son vers vit, rit, pleure très peu, se moque bien, et blague encore mieux. Amer d'ailleurs et salé comme son cher Océan, nullement berceur ainsi qu'il arrive parfois à ce turbulent ami, maîs roulant comme lui des rayons de soleil, de lune, et d'étoiles dans la phosphorescence d'une houle et de vagues enragées !

Il devint parisien un instant, mais sans le sale esprit mesquin : des hoquets, un vomissement, l'ironie féroce et pimpante, de la bile et de la fièvre s'exaspérant en génie et jusqu'à quelle gaité !

Exemple :

RESCOUSSE

Si ma guitare
Que je répare,
Trois fois barbare :
Kriss indien,

Cric de supplice,
Bois de justice,
Boite à malice,
Ne fait pas bien....

Si ma voix pire
Ne peut te dire
Mon doux martyre....
— Métier de chien ! —

Si mon cigare,
Viatique et phare
Point ne t'égare ;
— Feu de brûler....

Si ma menace,
Trombe qui passe,
Manque de grâce ;
— Muet de hurler !...

Si de mon âme
La mer en flamme
N'a pas de lame ;
— Cuit de geler....

Vais m'en aller !

Avant de passer au Corbière que nous préférons, tout en raffolant des autres, il faut insister sur le Corbière parisien, sur le Dédaigneux et le Railleur de tout et de tous, y compris lui-même.

Lisez encore cette

EPITAPHE

Il se tua d'ardeur et mourut de paresse.
S'il vit, c'est par oubli ; voici ce qu'il se laisse :
Son seul regret fut de n'être pas sa maîtresse.

Il ne naquit par aucun bout,
Fut toujours poussé vent-de-bout
Et fut un arlequin-ragout,
Mélange adultère de tout.

Du *je-ne-sais-quoi*. — Mais sachant tout ;
De l'or, — mais avec pas le sou ;
Des nerfs, — sans nerf. Vigueur sans force ;
De l'élan, — avec une entorse ;
De l'âme, — et pas de violon ;
De l'amour, — mais pire étalon ;
Trop de noms pour avoir un nom.

. . . .

Nous en passons et des plus amusants.

. . . .

Pas poseur, — posant pour *l'unique* ;
Trop naïf étant trop cynique :

Ne croyant à rien, croyant tout.
— Son goût était dans le dégout

. . . .
Trop *soi* pour se pouvoir souffrir,
L'esprit à sec et la tête ivre,
Fini, mais ne sachant finir,
Il mourut en s'attendant vivre
Et vécut, s'attendant mourir.

Ci-gît, cœur sans cœur, mal planté,
Trop réussi comme raté.

Du reste il faudrait citer toute cette partie du volume et tout le volume, ou plutôt il faudrait rééditer cette œuvre unique, *Les Amours Jaunes* (1), parue en 1873, aujourd'hui introuvable ou presque, où Villon et Piron se complairaient à voir un rival souvent heureux, — et les plus illustres d'entre les vrais poètes contemporains un maître à leur taille, au moins !

Et tenez, nous ne voulons pas encore aborder le Breton et le marin sans quelques dernières expositions de vers déta-

(1) Chez Glady frères, 10, rue de la Bourse, imprimé par Alcan Lévy.

chés, qui existent par eux-mêmes, de la partie des *Amours Jaunes* qui nous occupe.

A propos d'un ami mort « de *chic*, de boire ou de phthisie » :

Lui qui sifflait si haut son petit air de tête.

A propos du même, probablement :

Comme il était bien Lui, ce Jeune plein de sève !
Apre à la vie *O gué!*.. et si doux en son rève.
Comme il portait sa tète ou la couchait gaîment !

Enfin ce sonnet endiablé, d'un rhythme si beau :

HEURES

Aumône au malandrin en chasse !
Mauvais œil à l'œil assassin !
Fer contre fer au spadassin !
— Mon âme n'est pas en état de grâce ! —

Je suis le fou de Pampelune,
J'ai peur du rire de la Lune,
Cafarde avec son crèpe noir...
Horreur ! tout est donc sous un éteignoir.

> J'entends comme un bruit de crécelle...
> C'est la male heure qui m'appelle.
> Dans le creux des nuits tombe un glas... deux
> [glas.

> J'ai compté plus de quatorze heures...
> L'heure est une larme. — Tu pleures,
> Mon cœur !.. Chante encor, va, — Ne compte pas.

Admirons bien humblement, — entre parenthèse, cette langue forte, simple en sa brutalité charmante, correcte étonnament, cette science, au fond, du vers, cette rime rare sinon riche à l'excès.

Et parlons cette fois du Corbière plus superbe encore.

Quel Breton bretonnant de la bonne manière ! L'enfant des bruyères et des grands chênes et des rivages que c'était ! Et comme il avait, ce faux sceptique effrayant, le souvenir et l'amour des fortes croyances bien superstitieuses de ses rudes et tendres compatriotes de la côte !

Ecoutez ou plutôt voyez, voyez ou plutôt écoutez (car comment exprimer ses sensations avec ce monstre-là ?) ces fragments, pris au hasard, de son *Pardon de Sainte Anne.*

. . . .

Mère taillée à coups de hache,
Tout cœur de chêne dur et bon.
Sous l'or de ta robe se cache
L'âme en pièce d'un franc Breton !

Vieille verte à face usée
Comme la pierre du torrent ;
Par des larmes d'amour creusée,
Séchée avec des pleurs de sang

. . . .

Bâton des aveugles ! Béquille
Des vieilles ! Bras des nouveau-nés !
Mère de madame ta fille !
Parente des abandonnés !

— O Fleur de la pucelle neuve !
Fruit de l'épouse au sein grossi,
Reposoir de la femme veuve...
Et du veuf Dame-de-merci !

. . . .

Prends pitié de la fille-mère,
Du petit au bord du chemin.

2

> Si quelqu'un lui jette la pierre
> Que la pierre se change en pain
>
> .   .   .   .

Impossible de tout citer de ce *Pardon* dans le cadre restreint que nous nous sommes imposé. Mais il nous paraîtrait mal de prendre congé de Corbière sans donner en entier le poème intitulé *la Fin*, où est toute la mer.

> Oh combien de marins, combien de capitaines
> Etc.   (V. HUGO.)

> Eh bien, tous ces marins — matelots, capitaines,
> Dans leur grand Océan à jamais engloutis...
> Partis insoucieux pour leurs courses lointaines
> Sont morts — absolument comme ils étaient partis.
>
> Allons ! c'est leur métier ; ils sont morts dans leurs
>   [bottes !
> Leur *boujaron* au cœur, tout vifs dans leurs capotes...
> — *Morts*... Merci : la *Camarde* a pas le pied marin ;
> Qu'elle couche avec vous : c'est votre bonne-femme...
> — Eux, allons donc : Entiers ! enlevés par la lame !
>   Ou perdus dans un grain...
>
> Un grain... est-ce la mort ça ? la basse voilure
> Battant à travers l'eau ! — Ça se dit *encombrer*...

Un coup de mer plombé, puis la haute mâture
Fouettant les flots ras — et ça se dit *sombrer*.

— Sombrer — Sondez ce mot. Votre *mort* est bien pâle
Et pas grand'chose à bord, sous la lourde rafale...
Pas grand'chose devant le grand sourire amer
Du matelot qui lutte. — Allons donc, de la place ! —
Vieux fantôme éventé, la Mort change de face :
          La Mer !...

Noyés ? — Eh allons donc ! Les *noyés* sont d'eau douce.
— Coulés ! corps et biens ! Et, jusqu'au petit mousse,
Le défi dans les yeux, dans les dents le juron !
A l'écume crachant une chique râlée,
Buvant sans hauts-de-cœur *la grand' tasse salée*. .
          — Comme ils ont bu leur boujaron. —

          . . . .

— Pas de fond de six pieds, ni rats de cimetière :
Eux ils vont aux requins ! L'âme d'un matelot
Au lieu de suinter dans vos pommes de terre,
          Respire à chaque flot.

— Voyez à l'horizon se soulever la houle ;
          On dirait le ventre amoureux
D'une fille de joie en rut, à moitié soûle...
          Ils sont là ! — La houle a du creux. —

— Ecoutez, écoutez la tourmente qui beugle !...
C'est leur anniversaire — Il revient bien souvent —

O poëte, gardez pour vous vos chants d'aveugle ;
— Eux : le *De profundis* que leur corne le vent.

.. Qu'ils roulent infinis dans les espaces vierges !..,
Qu'ils roulent verts et nus,
. .. .clous et sans sapin, sans couvercle, sans cierge...
— Laissez-les donc rouler, *terriers* parvenus !

II

ARTHUR RIMBAUD

Nous avons eu l'honneur de connaître M. Arthur Rimbaud. Aujourd'hui des choses nous séparent de lui sans que, bien entendu, notre très profonde admiration ait jamais manqué à son génie.

A l'époque relativement lointaine de notre intimité, M. Arthur Rimbaud était un enfant de seize à dix-sept ans, déjà nanti de tout le bagage poétique qu'il faudrait que le vrai public connût et que nous essaierons d'analyser en citant le plus que nous pourrons.

L'homme était grand, bien bâti, presque athlélique, au visage parfaitement ovale d'ange en exil, avec des cheveux chatain-clair mal en ordre et des yeux d'un bleu pâle inquiétant. Ardennais, il possédait, en plus d'un joli accent de terroir trop vite perdu, le don d'assimilation prompte propre aux gens de ce pays-là, — ce qui peut expliquer le rapide desséchement, sous le soleil bête de Paris, de sa veine, pour parler comme nos pères dont le langage direct et correct n'avait pas toujours tort, en fin de compte!

Nous nous occuperons d'abord de la première partie de l'œuvre de M. Arthur Rimbaud, œuvre de sa toute jeune adolescence, — gourme sublime, miraculeuse puberté! pour ensuite examiner les diverses évolutions de cet esprit impétueux, jusqu'à sa fin littéraire.

Ici une parenthèse, et si ces lignes tombent d'aventure sous ses yeux, que M. Arthur Rimbaud sache bien que nous ne jugeons pas les mobiles des hommes et soit assuré de notre complète approbation (de notre tristesse noire, aussi) en face de son abandon de la poésie, pourvu, comme nous n'en doutons pas, que cet abandon soit, pour lui, logique, honnête et nécessaire.

L'œuvre de M. Rimbaud remontant à la période de son extrême jeunesse, c'est-à-dire à 1869, 70, 71, est assez abondante et formerait un volume respectable. Elle se compose de poèmes généralement courts, de sonnets, triolets, pièces en strophes de quatre, cinq et de six vers. Le poète n'emploie jamais la rime plate. Son vers solide. ment campé, use rarement d'artifices. Peu de césures libertines, moins encore de rejets. Le choix des mots est toujours exquis, quelquefois pédant à dessein. La langue est nette et reste claire quand l'idée se fonce ou que le sens s'obscurcit. Rimes très honorables.

Nous ne saurions mieux justifier ce que nous disons-là qu'en vous présentant le sonnet des

VOYELLES

A noir, E blanc, I rouge, U vert, O bleu, voyelles,
Je dirai quelque jour vos naissances latentes.
A, noir corset velu des mouches éclatantes
Qui bombillent autour des puanteurs cruelles,

Golfes d'ombre ; E candeur des vapeurs et des tentes,
Lances des glaciers fiers, rois blancs, frissons d'om-
belles;

I, pourpres, sang craché, rire des lèvres belles
Dans la colère ou les ivresses pénitentes;

U, cycles, vibrements divins des mers virides,
Paix des pâtis semés d'animaux, paix des rides
Que l'alchimie imprime aux grands fronts studieux;

O, suprême Clairon plein de strideurs étranges,
Silences traversés des Mondes et des Anges :
— O l'Oméga, rayon violet de Ses Yeux!

La Muse (tant pis ! vivent nos pères !) la Muse, disons-nous, de M. Arthur Rimbaud prend tous les tons, pince toutes les cordes de la harpe, gratte toutes celles de la guitare et caresse le rebec d'un archet agile s'il en fût.

Goguenard et pince-sans-rire, M. Arthur Rimbaud l'est, quand cela lui convient, au premier chef, tout en demeurant le grand poète que Dieu l'a fait.

A preuve *l'Oraison du soir,* et ces *Assis* à se mettre à genoux devant !

ORAISON DU SOIR

Je vis assis tel qu'un ange aux mains d'un barbier,
Empoignant une chope à fortes cannelures,

L'hypogastre et le col cambrés, une Gambier
Aux dents, sous l'air gonflé d'impalpables voilures.

Tels que les excréments chauds d'un vieux colombier,
Mille rêves en moi font de douces brûlures ;
Puis par instants mon cœur triste est comme un aubier
Qu'ensanglante l'or jaune et sombre des coulures.

Puis quand j'ai ravalé mes rêves avec soin,
Je me tourne, ayant bu trente ou quarante chopes,
Et me recueille pour lâcher l'âcre besoin.

Doux comme le Seigneur du cèdre et des hysopes,
Je pisse vers les cieux bruns très haut et très loin,
Avec l'assentiment des grands héliotropes.

Les *Assis* ont une petite histoire qu'il faudrait peut-être rapporter pour qu'on les comprît bien.

M. Arthur Rimbaud qui faisait alors sa seconde en qualité d'externe au lycée de ***, se livrait aux écoles buissonnières les plus énormes et quand il se sentait — enfin ! fatigué d'arpenter monts, bois et plaines nuits et jours, car quel marcheur ! il venait à la bibliothèque de la dite ville et y demandait des ouvrages

malsonnants aux oreilles du bibliothé-
caire en chef dont le nom, peu fait pour la
postérité, danse au bout de notre plume,
mais qu'importe ce nom d'un bonhomme
en ce travail malédictin? L'excellent bu-
reaucrate que ses fonctions mêmes obli-
geaient à délivrer à M. Arthur Rimbaud,
sur la requête de ce dernier, force Contes
Orientaux et libretti de Favart, le tout en-
tremêlé de vagues bouquins scientifiques
très anciens et très rares, maugréait de
se lever pour ce gamin et le renvoyait
volontiers, de bouche, à ses peu chères
études, à Cicéron, à Horace, et à nous ne
savons plus quels Grecs aussi. Le gamin,
qui d'ailleurs connaissait et surtout appré-
ciait infiniment mieux ses classiques que
le birbe, finit par « s'irriter », d'où le chef-
d'œuvre en question.

LES ASSIS

Noirs de loupes, grêlés, les yeux cerclés de bagues
Vertes, leurs doigts boulus crispés à leurs fémurs,
Le sinciput plaqué de hargnosités vagues
Comme les floraisons lépreuses des vieux murs,

Ils ont greffé dans des amours épileptiques
Leur fantasque ossature aux grands squelettes noirs
De leurs chaises ; leurs pieds aux barreaux rachitiques
S'entrelacent pour les matins et pour les soirs.

Ces vieillards ont toujours fait tresse avec leurs sièges,
Sentant les soleils vifs percaliser leurs peaux,
Ou les yeux à la vitre où se fanent les neiges,
Tremblant du tremblement douloureux des crapauds.

Et les Sièges leur ont des bontés ; culottée
De brun, la paille cède aux angles de leurs reins.
L'âme des vieux soleils s'allume, emmaillottée
Dans ces tresses d'épis où fermentaient les grains.

Et les Assis, genoux aux dents, verts pianistes,
Les dix doigts sous leur siège aux rumeurs de tambour
S'écoutent clapoter des barcarolles tristes
Et leurs caboches vont dans des roulis d'amour.

Oh ! ne les faites pas lever ! C'est le naufrage.
Ils surgissent, grondant comme des chats gifflés,
Ouvrant lentement leurs omoplates, ô rage !
Tout leur pantalon bouffe à leurs reins boursouflés

Et vous les écoutez cognant leurs têtes chauves
Aux murs sombres, plaquant et plaquant leurs pieds
          [tors,
Et leurs boutons d'habit sont des prunelles fauves
Qui vous accrochent l'œil du fond des corridors.

Puis ils ont une main invisible qui tue ;
Au retour, leur regard filtre ce venin noir
Qui charge l'œil souffrant de la chienne battue,
Et vous suez, pris dans un atroce entonnoir.

Rassis, les poings crispés dans des manchettes sales,
Ils songent à ceux-là qui les ont fait lever,
Et de l'aurore au soir des grappes d'amygdales
Sous leurs mentons chétifs s'agitent à crever.

Quand l'austère sommeil a baissé leurs visières
Ils rêvent sur leurs bras de sièges fécondés,
De vrais petits amours de chaises en lisières
Par lesquelles de fiers bureaux seront bordés.

Des fleurs d'encre, crachant des pollens en virgules,
Les bercent le long des calices accroupis,
Tels qu'au fil des glaïeuls le vol des libellules,
— Et leur membre s'agace à des barbes d'épis !

Nous avons tenu à tout donner de ce poème savamment et froidement outré, jusqu'au dernier vers si logique et d'une hardiesse si heureuse. Le lecteur peut ainsi se rendre compte de la puissance d'ironie, de la verve terrible du poète, dont il nous reste à considérer les dons plus élevés, dons suprêmes, magnifique té-

moignage de l'Intelligence, preuve fière
et Française, bien Française, insistons-y
par ces jours de lâche internationalisme,
d'une supériorité naturelle et mystique
de race et de caste, affirmation sans conteste possible de cette immortelle royauté
de l'Esprit, de l'Ame et du Cœur humains :

La Grâce et la Force, et la grande Rhé-
thorique niée par nos intéressants, nos
subtils, nos pittoresques, mais étroits et
plus qu'étroits, étriqués, Naturalistes
de 1883 !

La Force, nous en avons eu un spécimen
dans les quelques pièces insérées ci-des-
sus, mais encore y est-elle à ce point re-
vêtue de paradoxe et de redoutable belle
humeur qu'elle n'apparaît que déguisée
en quelque sorte. Nous la retrouverons
dans son intégrité, toute belle et toute
pure, à la fin de ce travail. Pour le moment c'est la Grâce qui nous appelle, une
grâce particulière, inconnue certes jusqu'ici, où le bizarre et l'étrange salent et
poivrent l'extrême douceur, la simplicité
divine de la pensée et du style.

Nous ne connaissons pour notre part

dans aucune littérature quelque chose
d'un peu farouche et de si tendre, de gen-
timent caricatural et de si cordial, et de si
bon, et d'un jet franc, sonore, magistral,
comme

LES EFFARÉS

Noirs dans la neige et dans la brume,
Au grand soupirail qui s'allume,
    Leurs culs en rond,
A genoux les petits — misère !
Regardent le boulanger faire
    Le lourd pain blond.

Ils voient le fort bras blanc qui tourne
La pâte grise et qui l'enfourne
    Dans un trou clair.
Ils écoutent le bon pain cuire.
Le boulanger au gros sourire
    Chante un vieil air.

Ils sont blottis, pas un ne bouge,
Au souffle du soupirail rouge
    Chaud comme un sein.
Quand pour quelque médianoche,
Façonné comme une brioche
    On sort le pain,

Quand sous les poutres enfumées,
Chantent les croutes parfumées
        Et les grillons,
Que ce trou chaud souffle la vie,
Ils ont leur âme si ravie
        Sous leurs haillons,

Ils se ressentent si bien vivre,
Les pauvres Jésus pleins de givre,
        Qu'ils sont là tous,
Collant leur petits museaux roses
Au treillage, grognant des choses
        Entre les trous,

Tout bêtes, faisant leurs prières
Et repliés vers ces lumières
        Du ciel rouvert,
Si fort qu'ils crèvent leur culotte
Et que leur chemise tremblotte
        Au vent d'hiver.

Qu'en dites-vous? Nous, trouvant dans un autre art des analogies que l'originalité de ce « petit *cuadro* » nous interdit de chercher parmi tous poètes possibles, nous dirions, c'est du Goya pire et meilleur. Goya et Murillo consultés nous donneraient raison, sachez-le bien.

Du Goya encore *les Chercheuses de Poux*, cette fois du Goya lumineux exaspéré, blanc sur blanc avec *les effets* roses et bleus et cette touche singulière jusqu'au fantastique. Mais combien supérieur toujours le poète au peintre et par l'émotion haute et par le chant des bonnes rimes !
Soyez témoins :

LES CHERCHEUSES DE POUX

Quand le front de l'enfant, plein de rouges tourmentes,
Implore l'essaim blanc des rêves indistincts,
Ils vient près de son lit deux grandes sœurs charmantes
Avec de frêles doigts aux ongles argentins.

Elles asseoient l'enfant devant une croisée
Grande ouverte où l'air bleu baigne un fouillis de
                                        [fleurs,
Et dans ses lourds cheveux où tombe la rosée
Promènent leurs doigts fins, terribles et charmeurs.

Il écoute chanter leurs haleines craintives
Qui fleurent de longs miels végétaux et rosés
Et qu'interrompt parfois un sifflement, salives
Reprises sur la lèvre ou désirs de baisers.

Il entend leurs cils noirs battant sous les silences
Parfumés ; et leurs doigts électriques et doux

Font crépiter parmi ses grises indolences
Sous leurs ongles royaux la mort des petits poux.

Voilà que monte en lui le vin de la Paresse,
Soupir d'harmonica qui pourrait délirer ;
L'enfant se sent, selon la lenteur des caresses
Sourdre et mourir sans cesse un désir de pleurer.

Il n'y a pas jusqu'à l'irrégularité de rime de la dernière stance, il n'y a pas jusqu'à la dernière phrase restant, entre son manque de conjonction et le point final, comme suspendue et surplombante, qui n'ajoutent en légéreté d'esquisse, en *tremblé* de facture au charme frêle du morceau. Et le beau mouvement, le beau balancement lamartinien, n'est-ce pas? dans ces quelques vers qui semblent se prolonger dans du rêve et de la musique! Racinien même, oserions-nous ajouter, et pourquoi ne pas aller jusqu'à cette juste confession, virgilien?

Bien d'autres exemples de grâce exquisement perverse ou chaste à vous ravir en extase nous tentent, mais les limites normales de ce second essai déjà long

nous font une loi de passer outre à tant
de délicats miracles et nous entrerons
sans plus de retard dans l'empire de la
Force splendide où nous convie le ma-
gicien avec son

BATEAU IVRE

Comme je descendais des Fleuves impassibles
Je ne me sentis plus guidé par les haleurs ;
Des Peaux-rouges criards les avaient pris pour
                                        [cibles
Les ayant cloués nus aux poteaux de couleurs,

J'étais insoucieux de tous les équipages,
Porteur de blés flamands ou de cotons anglais.
Quand avec mes haleurs ont fini ces tapages
Les Fleuves m'ont laissé descendre où je voulais.

Dans les clapotements furieux des marées,
Moi, l'autre hiver, plus sourd que les cerveaux
                                        [d'enfants,
Je courus ! Et les Péninsules démarrées
N'ont pas subi tohu-bohus plus triomphants.

La tempête a béni mes éveils maritimes.
Plus léger qu'un bouchon j'ai dansé sur les flots

Qu'on appelle rouleurs éternels de victimes,
Dix nuits, sans regretter l'œil niais des falots.

Plus douce qu'aux enfants la chair des pommes
                                    [sures
L'eau verte pénétra ma coque de sapin
Et des taches de vins bleus et des vomissures
Me lava, dispersant gouvernail et grappin.

Et dès lors je me suis baigné dans le poème
De la mer, infusé d'astres et latescent,
Dévorant les azurs verts où, flottaison blême
Et ravie, un noyé pensif parfois descend.

Où, teignant tout-à-coup les bleuités, délires
Et rhythmes lents sous les rutilements du jour,
Plus fortes que l'alcool, plus vastes que vos lyres,
Fermentent les rousseurs amères de l'amour.

Je sais les cieux crevant en éclairs, et les trombes
Et les ressacs et les courants, je sais le soir,
L'aube exaltée ainsi qu'un peuple de colombes,
Et j'ai vu quelquefois ce que l'homme a cru voir.

J'ai vu le soleil bas taché d'horreurs mystiques
Illuminant de longs figements violets,
Pareils à des acteurs de drames très antiques,
Les flots roulant au loin leurs frissons de volets ;

J'ai rêvé la nuit verte aux neiges éblouies,
Baisers montant aux yeux des mers avec lenteur,
La circulation des sèves inouies
Et l'éveil jaune et bleu des phosphores chanteurs.

J'ai suivi des mois pleins, pareille aux vacheries
Hystériques, la houle à l'assaut des récifs,
Sans songer que les pieds lumineux des Maries
Pussent forcer le muffle aux Océans poussifs ;

J'ai heurté, savez-vous ? d'incroyables Florides,
Mêlant aux fleurs des yeux de panthêres aux peaux
D'hommes, des arcs-en-ciel tendus comme des brides,
Sous l'horizon des mers, à de glauques troupeaux ;

J'ai vu fermenter les marais énormes, nasses
Où pourrit dans les joncs tout un Léviathan,
Des écroulements d'eaux au milieu des bonaces
Et les lointains vers les gouffres cataractant !

Glaciers, soleils d'argent, flots nacreux, cieux de
braises,
Echouages hideux au fond des golfes bruns
Où les serpents géants dévorés des punaises
Choient des arbres tordus avec de noirs parfums.

J'aurais voulu montrer aux enfants ces dorades
Du flot bleu, ces poissons d'or, ces poissons chan-
tants.

Des écumes de fleurs ont béni mes dérades
Et d'ineffables vents m'ont ailé par instants.

Parfois, martyr lassé des pôles et des zones,
La mer dont le sanglot faisait mon roulis doux
Montait vers moi ses fleurs d'ombre aux ventouses
jaunes
Et je restais ainsi qu'une femme à genoux,

Presqu'île ballottant sur mes bords les querelles
Et les fientes d'oiseaux clabaudeurs aux yeux blonds,
Et je voguais lorsqu'à travers mes liens frêles
Des noyés descendaient dormir à reculons.

Or moi, bateau perdu sous les cheveux des anses,
Jeté par l'ouragan dans l'éther sans oiseaux,
Moi dont les Monitors et les voiliers des Hanses
N'auraient pas repêché la carcasse ivre d'eau,

Libre, fumant, monté de brumes violettes,
Moi qui trouais le ciel rougeoyant comme un mur
Qui porte, confiture exquise aux bons poètes,
Des lichens de soleil et des morves d'azur,

Qui courais taché de lunules électriques,
Planche folle, escorté des hippocampes noirs,
Quand les Juillets faisaient croûler à coups de tri-
ques
Les cieux ultramarins aux ardents entonnoirs,

Moi qui tremblais, sentant geindre à cinquante
lieues
Le rut des Béhémots et des Maelstroms épais,
Fileur éternel des immobilités bleues,
Je regrette l'Europe aux anciens parapets.

J'ai vu des archipels sidéraux ! Et des îles
Dont les cieux délirants sont ouverts au vogueur :
— Est-ce en ces nuits sans fond que tu dors et
t'exiles,
Million d'oiseaux d'or, ô future Vigueur ?

Mais, vrai, j'ai trop pleuré ! Les aubes sont navrantes,
Toute lune est atroce et tout soleil amer.
L'âcre amour m'a gonflé de torpeurs enivrantes.
O que ma quille éclate ! O que j'aille à la mer !

Si je désire une eau d'Europe c'est la flache
Noire et froide où vers le crépuscule embaumé,
Un enfant accroupi, plein de tristesses, lâche
Un bateau frêle comme un papillon de mai.

Je ne puis plus, baigné de vos langueurs, ô lames,
Enlever leur sillage aux porteurs de cotons
Ni traverser l'orgueil des drapeaux et des flammes,
Ni nager sous les yeux horribles des pontons !

Maintenant quel avis formuler sur les
Premières Communions, poème trop

long pour prendre place ici, surtout après
nos excès de citations, et dont d'ailleurs
nous détestons bien haut l'esprit, qui
nous paraît dériver d'une rencontre mal-
heureuse avec le Michelet sénile et impie,
le Michelet de dessous les linges sales de
femmes et de derrière Parny (l'autre Michelet, nul plus que nous ne l'adore), oui,
quel avis émettre sur ce morceau colos-
sal, sinon que nous en aimons la profonde ordonnance et tous les vers sans
exception? Il y en a d'ainsi :

Adonaï! Dans les terminaisons latines
Des cieux moirés de vert baignent les Fronts ver-
                            meils
Et tachés du sang pur des célestes poitrines,
De grands linges neigeux tombent sur les soleils !

Paris se repeuple, écrit au lendemain
de la « Semaine sanglante » fourmille de
beautés.

  . . . .
Cachez les palais morts dans des niches de plan-
                            ches;
L'ancien jour effaré rafraîchit vos regards ;

Voici le troupeau roux des tordeuses de hanches!

. . . .

Quand tes pieds ont dansé si fort dans les colères,
Paris! quand tu reçus tant de coups de couteau,
Quand tu gîs, retenant dans tes prunelles claires
Un peu de la bonté du fauve renouveau.

. . . .

Dans cet ordre d'idées, les *Veilleurs,*
poème qui n'est plus, hélas! en notre pos-
session, et que notre mémoire ne saurait
reconstituer, nous ont laissé l'impression
la plus forte que jamais vers nous aient
causée. C'est d'une vibration, d'une lar-
geur, d'une tristesse sacrée! Et d'un tel
accent de sublime désolation, qu'en vérité
nous osons croire que c'est ce que M. Arthur Rimbaud a écrit de plus beau, de
beaucoup!

Maintes autres pièces de premier ordre
nous ont ainsi passé par les mains, qu'un
hasard malveillant et le tourbillon de
voyages passablement accidentés nous
ont fait perdre. Aussi adjurons-nous ici
tous nos amis connus ou inconnus qui
possèderaient *les Veilleurs, Accroupisse-*

*ments, Le cœur volé, Douaniers, Les
mains de Jeanne-Marie , Sœurs de
charité,* et toutes choses signées du
nom prestigieux, de bien vouloir nous
les faire parvenir pour le cas probable où
le présent travail dût se voir complété.
Au nom de l'honneur des Lettres, nous
leur réitérons notre prière. Les manus-
crits seront religieusement rendus, dès
copie prise, à leurs généreux proprié-
taires.

Il est temps de songer à terminer ceci
qui a pris de telles proportions pour
ces raisons excellentes.

Le nom et l'œuvre de Corbière, ceux
de Mallarmé sont assurés pour la suite
des temps ; les uns retentiront sur la
lèvre des hommes, les autres dans toutes
les mémoires dignes d'eux. Corbière et
Mallarmé *ont imprimé,* — cette petite
chose immense. M. Rimbaud trop dédaigneux, plus dédaigneux même que Corbière qui du moins a jeté son volume au
nez du siècle, n'a rien voulu faire paraître
en fait de vers.

Une seule pièce, d'ailleurs sinon reniée

ou désavouée par lui, a été insérée *à son insu*, et ce fut bien fait, dans la seconde année de la *Renaissance*, vers 1873. Cela s'appelait *les Corbeaux*. Les curieux pourront se régaler de cette chose patriotique, mais patriotique bien, et que nous goûtons fort quant à nous, mais ce n'est pas encore ça. Nous sommes fier d'offrir le premier à nos contemporains intelligents bonne part de ce riche gâteau, du Rimbaud !

Eussions-nous consulté M. Rimbaud (dont nous ignorons l'adresse, aussi bien vague immensément) il nous aurait, c'est probable, déconseillé d'entreprendre ce travail pour ce qui le concerne.

Ainsi, maudit par lui-même, ce Poète Maudit ! Mais l'amitié, la dévotion littéraires que nous lui porterons toujours nous ont dicté ces lignes, nous ont fait indiscret. Tant pis pour lui ! Tant mieux, n'est-ce pas ? pour vous. Tout ne sera pas perdu du trésor oublié par ce plus qu'insouciant possesseur, et si c'est un crime que nous commettons, *felix culpa*, alors !

Après quelque séjour à Paris, puis diverses pérégrinations plus ou moins effrayantes, M. Rimbaud vira de bord et travailla (lui !) dans le naïf, le très et le trop simple, n'usant plus que d'assonances, de mots vagues, de phrases enfantines ou populaires. Il accomplit ainsi des prodiges de ténuité, de flou vrai, de charmant presque inappréciable à force d'être grèle et fluet.

> Elle est retrouvée
> Quoi? l'éternité.
> C'est la mer allée
> Avec les soleils.
>
> .   .   .   .

Mais le poète disparaissait. — Nous entendons parler du poète *correct*.

Un prosateur étonnant s'ensuivit. Un manuscrit dont le titre nous échappe et qui contenait d'étranges mysticités et les plus aigus aperçus psychologiques tomba dans des mains qui l'égarèrent sans savoir ce qu'elles faisaient.

La Saison en Enfer, parue à Bruxelles, 1873, chez Poot, et Cie, 37 rue aux Choux,

sombra corps et biens dans un oubli
monstrueux, l'auteur ne l'ayant pas « lan-
cée » *du tout*. Il avait bien autre chose à
faire.

Il courut tous les Continents, tous les
Océans, pauvrement, fièrement (riche
d'ailleurs, s'il l'eût voulu, de famille et
de position) après avoir écrit, en prose
encore, une série de superbes fragments,
les Illuminations, à tout jamais perdus,
nous le craignons bien.

Il disait dans sa *Saison en Enfer* :
« Ma journée est faite. Je quitte l'Europe.
« L'air marin brûlera mes poumons, les
« climats perdus me tanneront. »

Tout cela est très bien et l'homme a
tenu parole. L'homme en M. Rimbaud est
libre, cela est trop clair et nous le lui
avons concédé en commençant, avec une
réserve bien légitime que nous allons ac-
centuer pour conclure. Mais n'avons-nous
pas eu raison, nous fou du poète, de le
prendre, cet aigle, et de le tenir dans
cette cage-ci, sous cette étiquette-ci, et ne
pourrions-nous point par surcroît et su-
rérogation (si la Littérature devait voir

se consommer une telle perte) nous écrier
avec Corbière, son frère aîné, non pas
son grand'frère, ironiquement? Non. Mé-
lancoliquement? O oui! Furieusement?
Ah qu'oui!

> Elle est éteinte
> L'église sainte,
> Il est éteint
> Le sacristain !

III

STÉPHANE MALLARMÉ

Dans un livre qui ne paraîtra pas nous écrivions naguère, à propos du *Parnasse Contemporain* et de ses principaux rédacteurs : « Un autre poète et non le moindre d'entre eux, se rattachait à ce groupe. Il vivait alors en province d'une profession savante mais correspondait fréquemment avec Paris. Il fournit au Parnasse des vers d'une nouveauté qui fit scandale dans les journaux. Préoccupé, certes ! de la beauté, mais surtout de l'intense dans la beauté, il considérait la clarté comme une grâce secondaire, et pourvu que son vers fût nombreux, musical, rare, et, quand il le fallait, languide ou excessif, il se moquait de tout pour plaire aux délicats, dont il était, lui, le plus difficile. Aussi, comme il fut mal ac-

cueilli par la *Critique*, ce pur poète qui
restera tant qu'il y aura une langue française pour témoigner de son effort gigan-
tesque ! Comme on dauba sur son « extra-
vagance un peu voulue », ainsi que
s'exprimait « un peu » trop indolem-
ment un maître fatigué qui l'eût tant
défendu au temps qu'il était le lion
aussi bien endenté que violemment che-
velu du romantisme ! Dans les feuilles
plaisantes, « au sein » des Revues graves,
partout ou presque, il devint à la mode
de rire des vers magnifiques, de rappeler
à la langue l'écrivain accompli, au
sentiment du beau le sûr artiste.
Parmi les plus notoires et les plus in-
fluents, des sots traitèrent l'homme de
fou ! Symptôme honorable encore, des
écrivains dignes du nom firent la con-
cession de se mêler à cette publicité
incompétente ; on vit « en demeurer stu-
pides » des gens d'esprit et de goût fiers,
des maîtres de l'audace juste et du grand
bon sens, M. Barbey d'Aurevilly, hélas !
Agacé par l'Im-pas-si-bi-li-té toute
théorique des Parnassiens (il fallait

bien LE mot d'ordre en face du Débraillé
à combattre) ce romancier merveilleux,
ce polémiste unique, cet essayste de
génie, le premier sans conteste d'entre
nos prosateurs admis, publia contre nous
dans le *Nain Jaune* une série d'articles
où l'esprit le plus enragé ne le cédait qu'à
la cruauté la plus exquise ; le « médaillon-
net » consacré à Mallarmé fut particuliè-
rement joli, mais d'une injustice qui
révolta chacun d'entre nous pirement que
toutes blessures personnelles. Qu'impor-
tèrent d'ailleurs, qu'importent surtout
encore ces torts de l'opinion à Stéphane
Mallarmé et à ceux qui l'aiment comme
il faut l'aimer (ou le détester) — immensément ! »

Rien à changer de cette appréciation
d'il y a deux ans à peine du reste, et qui
pourrait être datée du jour où nous
lûmes pour la première fois des vers
de Mallarmé.

Depuis ce temps-là, le poète a pu aug-
menter sa manière, faire davantage ce
qu'il voulait, — il est resté le même, non
pas stationnaire, grand Dieu ! mais mieux

éclatant de la lumière primitive graduée d'aube en midi et en après-midi, normalement.

C'est pourquoi nous voulons, évitant de plus fatiguer pour le moment notre petit public de notre prose, lui mettre sous les yeux un sonnet et une terza rima anciens, et inconnus, croyons-nous, qui le conquerront du coup à notre cher poète et cher ami dans le début de son talent s'essayant sur tous les tons d'un instrument incomparable.

PLACET

J'ai longtemps rêvé d'être, ô Duchesse, l'Hébé
Qui rit sur votre tasse au baiser de tes lèvres.
Mais je suis un poète, un peu moins qu'un abbé,
Et n'ai point jusqu'ici figuré sur le Sèvres.

Puisque je ne suis pas ton bichon embarbé,
Ni tes bonbons, ni ton carmin, ni tes jeux mièvres,
Et que sur moi pourtant ton regard est tombé,
Blonde dont les coiffeurs divins sont des orfèvres,

Nommez-nous... vous de qui les souris framboisés
Sont un troupeau poudré d'agneaux apprivoisés
Qui vont broutant les cœurs et bêlant aux délires,

6

Nommez-nous... et Boucher sur un rose éventail
Me peindra flûte aux mains endormant ce bercail,
Duchesse, nommez-moi berger de vos sourires.
    (1762)

Hein, la fleur de serre sans prix ! Cueil-
lie, de quelle jolie sorte ! de la main si
forte du maître ouvrier qui forgeait

LE GUIGNON

Au dessus du bétail écœurant des humains
Bondissaient par instants les sauvages crinières
Des mendieurs d'azur perdus dans nos chemins.

Un vent mêlé de cendre effarait leurs bannières
Où passe le divin gonflement de la mer
Et creusait autour d'eux de sanglantes ornières.

La tête dans l'orage ils défiaient l'Enfer,
Ils voyageaient sans pains, sans bâtons et sans
                                        [urnes,
Mordant au citron d'or de l'Idéal amer.

La plupart ont râlé dans des ravins nocturnes,
S enivrant du plaisir de voir couler son sang.
La mort fut un baiser sur ces fronts taciturnes.

S'ils sont vaincus, c'est par un ange très puissant
Qui rougit l'horizon des éclairs de son glaive
L'orgueil fait éclater leur cœur reconnaissant.

Ils tettent la Douleur comme ils tétaient le Rêve
Et quand ils vont rhythmant leurs pleurs voluptueux
Le peuple s'agenouille et leur mère se lève.

Ceux-là sont consolés étant majestueux.
Mais ils ont sous les pieds des frères qu'on bafoue,
Dérisoires martyrs d'un hasard tortueux.

Des pleurs aussi salés rongent leur pâle joue,
Ils mangent de la cendre avec le même amour ;
Mais vulgaire ou burlesque est le sort qui les roue.

Ils pouvaient faire aussi sonner comme un tambour
La servile pitié des races à l'œil terne,
Egaux de Prométhée à qui manque un vautour !

Non. Vieux et fréquentant les déserts sans citerne
Ils marchent sous le fouet d'un squelette rageur,
Le GUIGNON, dont le rire édenté les prosterne.

S'ils vont, il grimpe en croupe et se fait voyageur,
Puis, le torrent franchi, les plonge en une mare
Et fait un fou crotté du superbe nageur.

Grâce à lui, si l'un chante en son buccin bizarre,
Des enfants nous tordront en un rire obstiné,
Qui, soufflant dans leurs mains, singeront sa fanfare.

Grâce à lui, s'ils s'en vont tenter un sein fané
Avec des fleurs par qui l'impureté s'allume,
Des limaces naîtront sur leur bouquet damné.

Et ce squelette nain coiffé d'un feutre à plume
Et botté dont l'aisselle a pour poils de longs vers
Est pour eux l'infini de l'humaine amertume.

Et si, rossés, ils ont provoqué le pervers,
Leur rapière en grinçant suit le rayon de lune
Qui neige en sa carcasse et qui passe au travers.

Malheureux sans l'orgueil d'une austère infortune,
Dédaigneux de venger leurs os de coups de bec,
Ils convoitent la haine et n'ont que la rancune.

Ils sont l'amusement des racleurs de rebec,
Des femmes, des enfants et de la vieille engeance
Des loqueteux dansant quand le broc est à sec.

Les poètes savants leur prêchent la vengeance
Et ne sachant leur mal et les voyant brisés
Les disent impuissants et sans intelligence.

« Ils peuvent, sans quêter quelques soupirs gueusés,
« Comme un buffle se cabre aspirant la tempête,
« Savourer à présent leurs maux éternisés :

« Nous soûlerons d'encens les Forts qui tiennent tête
« Aux fauves séraphins du Mal ! Ces baladins
« N'ont pas mis d'habit rouge et veulent qu'on
[s'arrête ! »

Quand chacun a sur eux craché tous ses dédains,
Nus, ensoiffés de grand et priant le tonnerre,
Ces Hamlet abreuvés de malaises badins.

Vont ridiculement se pendre au réverbère.

A la même époque environ, mais évi-
demment un peu plus tard que plus tôt
doivent remonter l'exquise

APPARITION

La lune s'attristait. Des séraphins en pleurs,
Rêvant, l'archet aux doigts, dans le calme des fleurs
Vaporeuses, tiraient de mourantes violes
De blancs sanglots glissant sur l'azur des corolles.
— C'était le jour béni de ton premier baiser.
Ma songerie aimant à me martyriser
S'enivrait savamment du parfum de tristesse
Que même sans regret et sans déboire laisse
La cueillaison d'un Rêve au cœur qui l'a cueilli.
J'errais donc, l'œil rivé sur le pavé vieilli,
Quand, avec du soleil aux cheveux, dans la rue
Et dans le soir, tu m'es en riant apparue,
Et j'ai cru voir la fée au chapeau de clarté
Qui jadis sur mes beaux sommeils d'enfant gâté
Passait, laissant toujours de ses mains mal fermées
Neiger de blancs bouquets d'étoiles parfumées.

et la moins vénérable encore qu'adorable

SAINTE

A la fenêtre recélant
Le santal vieux qui se dédore
De sa viole étincelant
Jadis avec flûte ou mandore.

Est la Sainte pâle, étalant
Le livre vieux qui se déplie
Du Magnificat ruisselant
Jadis selon vêpre et complie :

A ce vitrage d'ostensoir
Que frôle une harpe par l'Ange
Formée avec son vol du soir
Pour la délicate phalange

Du doigt, que, sans le vieux santal
Ni le vieux livre, elle balance
Sur le plumage instrumental,
Musicienne du silence.

Ces poèmes absolument inédits nous conduisent à ce que nous appellerons l'ère de publicité de Mallarmé. De trop peu nombreuses pièces d'une couleur et d'une musique dès lors très concentrées parurent dans le premier *Parnasse Contemporain* où l'admiration peut les retrouver à son aise. *Les Fenêtres, le Sonneur, Automne,* nous semblent être les suprêmes entre ces choses suprêmes, mais nous ne nous attarderons pas à citer de l'imprimé loin d'être obscur comme du manuscrit, ainsi qu'il est arrivé — comment ? sinon par LA MALÉDIC-

TION qu'il a méritée, mais pas plus héroïquement que les vers de M. Rimbaud et de Mallarmé ? — à ce vertigineux livre des *Amours Jaunes* de ce stupéfiant Corbière : nous préférons vous procurer la joie de lire ce nouvel et précieux inédit se rapportant, suivant nous, à la période intermédiaire en question.

DON DU POÈME

Je t'àpporte l'enfant d'une nuit d'Idumée !
Noire, à l'aile saignante et pâle, déplumée,
Par le verre brûlé d'aromates et d'or,
Par les carreaux glacés, hélas ! mornes encor,
L'aurore se jeta sur la lampe angélique,
Palmes ! et quand elle a montré cette relique
A ce père essayant un sourire ennemi,
La solitude bleue et stérile a frémi.
O la berceuse avec ta fille et l'innocence
De vos pieds froids, accueille une horrible naissance.
Et ta voix rappelant viole et clavecin,
Avec le doigt fané presseras-tu le sein
Par qui coule en blancheur sybiline la femme
Pour des lèvres que l'air du vierge azur affame ?

A vrai dire cette idylle fut méchamment (et méchamment!) imprimée sur la fin du dernier règne par un journal *hebdomadaire* fort ennuyeux et, si nous ne nous trompons, républicain *protestant*. (Nous appuyons pour qu'on ne fasse pas confusion, sur ces deux mots *hebdomadaire* et *protestant*). Mais que pouvait signifier cette idiotement dédaigneuse et stupide hargneusement contre-réclame de 8ᵉ ou de 16ᵉ page (18ᵉ ou 16000ᵉ serait mieux dit, vu l'épaisseur du libelle), puisque pour tous bons esprits, le *Don du Poème*, accusé d'excentricité alambiquée, se trouve être la sublime dédicace d'un poète précellent à la moitié de son âme, associée, pour cette solennelle fois, à un autre soi-même, de quelqu'un de ces *horribles* efforts qu'on aime pourtant tout en *essayant* de ne les pas aimer et pour qui l'on rêve toute protection, fût-ce contre soi-même ! —

— Du reste, républicain de tout bonnet ou monarchiste de tout blason, ou indifférent à n'importe quoi de la vie prostituée, n'est-il pas vrai *qu'et nunc et semper et in secula* le poète sincère se voit, se sent, se sait *maudit* par le régime de chaque intérêt, ô Stello ? —

Le sourcil du poète se fronce sur le public, mais son œil se dilate et son cœur se raffermit sans se fermer, et c'est ainsi qu'il prélude à son définitif choix d'être :

CETTE NUIT

Quand l'ombre menaça de la fatale loi
Tel vieux Rêve, désir et mal de mes vertèbres,
Affligé de périr sous les plafonds funèbres
Il a ployé son aile indubitable en moi.

Luxe, ô salle d'ébène où, pour séduire un roi,
Se tordent dans leur mort des guirlandes célèbres,
Vous n'êtes qu'un orgueil menti par les ténèbres
Aux yeux du solitaire ébloui de sa foi.

Oui, je sais qu'au lointain de cette nuit, la Terre
Jette d'un grand éclat l'insolite mystère,
Pour les siècles hideux qui l'obscurcissent moins.

L'espace à soi pareil qu'il s'accroisse ou se nie
Roule dans cet ennui des feux vils pour témoins
Que s'est d'un astre en fête allumé le génie.

Quant à ce sonnet, *le tombeau d'Edgar Poe*, si beau qu'il nous paraît faible de ne l'honorer que d'une sorte d'horreur panique,

LE TOMBEAU D'EDGAR POE

Tel qu'en Lui-même enfin l'éternité le change,
Le Poète suscite avec un glaive nu
Son siècle épouvanté de n'avoir pas connu
Que la mort triomphait dans cette voix étrange !

Eux, comme un vil sursaut d'hydre ayant jadis l'Ange
Donner un sens trop pur aux mots de la tribu,
Proclamèrent très haut le sortilége bu
Dans le flot sans honneur de quelque noir mélange.

Du sol et de la nue hostiles, ô grief !
Si notre idée avec ne sculpte un bas-relief
Dont la tombe de Poe éblouissante s'orne,

Calme bloc ici-bas chu d'un désastre obscur,
Que ce granit du moins montre à jamais sa borne
Aux noirs vols du Blasphème épars dans le futur.

ne devons nous point terminer par lui ? Ne concrète-t-il point l'abstraction forcée de notre titre ? N'est-ce point, en termes sybillins plutôt encore que lapidaires, le seul mot à dire en ce sujet terrible, au risque d'être nous aussi *maudit*, ô gloire, avec ceux-ci ?

Et de fait nous nous y tiendrons, à cette dernière citation qui est la bonne en l'espèce non moins qu'intrinsèquement.

Il nous reste, nous le savons, à compléter l'étude entreprise sur Mallarmé et son œuvre! Quel plaisir ce va nous être!

Tout le monde (très intelligent) sait qu'il a publié en de splendides éditions l'*Après-midi d'un Faune*, brûlante fantaisie où le Shakespeare d'*Adonis* aurait mis le feu au Théocrite des plus fougueuses églogues, — et le *Toast funèbre à Théophile Gautier*, très noble pleur sur un très bon ouvrier. Ces poèmes se trouvant dans la publicité, il nous semble inutile d'en rien citer. Inutile et impie. Ce serait tout en démolir, tant le Mallarmé définitif est un. Coupez donc un sein à une femme belle!

Tout le monde dont il a été question connaît également les belles études linguistiques de Mallarmé, ses *Dieux de la Grèce* et ses admirables traductions d'Edgard Poe, précisément.

Il travaille à un livre dont la profondeur étonnera non moins que sa splendeur éblouira tous sauf les seuls aveugles.

Arrêtons-nous : l'éloge, comme les déluges s'arrête à certains sommets.

Notre but d'ailleurs est atteint. Nous avons mis sous les yeux de ceux qu'il fallait les vers qu'il fallait et ce nous est, nous le répétons, un indicible orgueil que d'avoir revendiqué pour les Lettres ces précieux noms, dont l'un obscur, l'autre à demi inconnu, l'autre méconnu, Tristan Corbière, Arthur Rimbaud, Stéphane Mallarmé !

Paris. — Imp. L. EPINETTE, 16, boulevard Saint-Germain.